Ce livre appartient à :

Casterman
Cantersteen 47
1000 Bruxelles

www.casterman.com

ISBN : 978-2-203-10747-2
N° d'édition : L.10EJCN000537.C002

Achevé d'imprimer en avril 2016, en France par Pollina - L76424.
Dépôt légal : mars 2016 ; D.2016/0053/122
Déposé au ministère de la Justice, Paris (loi n°49.956 du 16 juillet 1949 sur les publications destinées à la jeunesse).

martine
à la ferme

d'après les albums de Gilbert Delahaye et Marcel Marlier

casterman

Martine adore aller à la ferme de Tante Lucie ! Il faut prendre la route qui traverse le champ de blé. Annie, Martine, Papy Louis, tout le monde s'amuse dans la vieille carriole.

L'âne se met à courir
et l'on arrive au grand trot
au beau milieu de la cour,
où le cousin Pierre attend
Martine et Annie.
– **Doucement !** Vous allez
effrayer les animaux de la
basse-cour, crie Pierre.
Je vais vous les présenter.

Poussi-Poussin est petit, rond et tout jaune. Il va et vient sans cesse, pour picorer tous les grains de blé qu'il trouve.

– **Oh là là**, la maman de Poussi a l'air fâché, s'inquiète Martine.

– Elle protège ses petits, explique Pierre. Vous êtes un peu trop près.

Le coq aussi veille sur Poussi. Il regarde les enfants d'un œil inquiet.

– Il se tient droit et fier ! C'est drôle, sa crête se balance au rythme de ses pas.

– Oui, mais il chante un peu trop tôt le matin, il réveille tout le monde, même le week-end, bougonne Pierre.

Martine, Annie et Pierre vont s'amuser près de la mare.

La cane et ses canetons sont des champions de natation ! Ils savent nager la tête sous l'eau.

– Je ne tiens pas aussi longtemps qu'eux, dit Pierre.

Martine décide d'aller nourrir les oies. Comme elles sont gourmandes ! Elles crient fort quand la petite fille approche pour leur donner des graines.

– **Aïe !** Celle-ci m'a pincée, hurle Annie qui s'encourt aussitôt.

– Je vous avais dit de faire attention, dit Pierre, leur bec n'a pas de dents, mais peut faire mal.

Sur le toit, les pigeons roucoulent.

– De là-haut, ils voient tout le village, explique Pierre.

– Ils ont de la chance, ça doit être beau, répond Martine.

« Moi aussi j'aimerais voler dans les nuages » songe Annie.

Pierre sort les lapins du clapier pour les montrer aux filles.

– Ils sont vraiment mignons, dit Martine, en leur donnant des carottes. Celui-là remue son museau dans tous les sens. Ses petites moustaches vibrent, il me chatouille !

– Allons voir les moutons maintenant.

Martine caresse doucement la belle laine d'un agneau et rêve d'un beau pull doux et bien chaud pour cet hiver.

Pierre et Annie courent en tous sens, ils n'arrivent pas à rassembler le petit troupeau.

Ensuite Martine va rendre visite aux cochons. Maman cochon a eu toute une portée de porcelets fripés qui n'arrêtent pas de grogner. Annie ne veut pas approcher, elle ne veut pas tacher sa robe avec la boue.

– Mais non, ils sont propres, lui dit Martine.

Regarde, ils sont tout roses.

Pierre emmène Martine dans le pré pour lui apprendre à traire Marguerite, la vache.

– **Oh**, elle a eu un veau ! Comment s'appelle-t-il ? demande Martine, contente de pouvoir jouer à la fermière.

– **Chocolat**, comme la couleur de sa robe, répond Pierre.

Dans la prairie d'à côté,
il y a Noiraud, le petit poulain
et sa maman.
Martine s'amuse
en le voyant tituber :
– Il ne tient pas encore très
bien sur ses pattes !

Pendant ce temps, Pierre sermonne Moustache qui a bu une partie du lait récolté. Le petit chat, très malin, s'est réfugié dans l'arbre où personne ne peut l'attraper.

Médor, lui, il est le gardien de la ferme. La nuit, il ne dort que d'un œil. C'est le meilleur ami de Pierre. Il donne même la patte pour dire bonjour.

– Il faudra que j'apprenne cela à Patapouf, fait remarquer Martine, assez admirative.

Après une visite aussi passionnante, les trois enfants ont faim. Cela tombe bien : Tante Lucie leur a préparé le goûter.

Tous les animaux sont venus ! Eux aussi, ils veulent manger !

Quelle journée ! Tout le monde s'est bien amusé. Dans la charrette, Martine se retourne une dernière fois pour dire au revoir. Elle observe Pierre en riant. Apparemment, il n'a pas encore retrouvé le sabot qu'elle a caché dans la grange !

Titres disponibles

1. **martine** petit rat de l'opéra
2. **martine** un trésor de poney
3. **martine** apprend à nager
4. **martine** un mercredi...
5. **martine** la nouvelle élève
6. **martine** a perdu son chien
7. **martine** à la montagne
8. **martine** fait du théâtre
9. **martine** a une étrange voisine
10. **martine** en classe de découverte
11. **martine** se dispute
12. **martine** déménage
13. **martine** et le cadeau d'anniversaire
14. **martine** monte à cheval
15. **martine** la nuit de noël
16. **martine** est malade
17. **martine** fait ses courses
18. **martine** et un chien du tonnerre
19. **martine** et les lapins du jardin
20. **martine** en bateau
21. **martine** à la mer
22. **martine** et les fantômes
23. **martine** au pays des contes
24. **martine**, princesses et chevaliers
25. **martine** à la maison
26. **martine** et le chaton vagabond
27. **martine** à la fête foraine
28. **martine**, l'arche de Noé
29. **martine** garde son petit frère
30. **martine**, la leçon de dessin
31. **martine** et l'âne Cadichon
32. **martine** fait de la bicyclette
33. **martine** dans la forêt
34. **martine** et les marmitons
35. **martine** au cirque
36. **martine** en voyage
37. **martine** la surprise
38. **martine** baby-sitter
39. **martine** fait du camping
40. **martine** et son ami le moineau
41. **martine** se déguise
42. **martine** protège la nature
43. **martine** fait de la musique
44. **martine** prend le train
45. **martine** en vacances
46. **martine** en montgolfière
47. **martine** au zoo
48. **martine** et le prince mystérieux
49. **martine** en avion
50. **martine** fête maman
51. **martine** à la ferme
52. **martine** et les quatre saisons
53. **martine**, vive la rentrée !
54. **martine** fait la cuisine